氣

Kinder der Welt

In der gleichen Reihe bisher erschienen:

Wir leben in Indien
Wir leben in China
Wir leben in Brasilien
Wir leben in Südafrika

Kinder der Welt

Wir leben in Japan

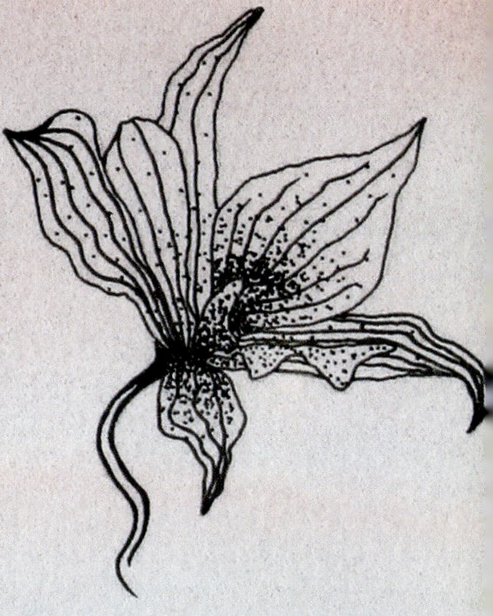

Alexandre Messager

Illustrationen von
Sophie Duffet

Aus dem Französischen von
Elisabeth Schittenhelm

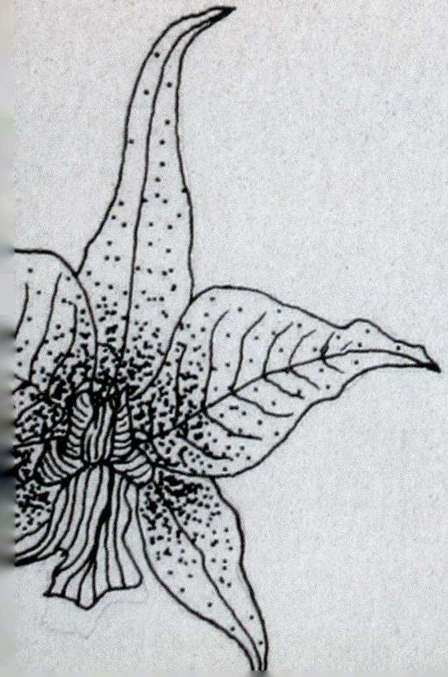

KNESEBECK

CHINA
RUSSLAND
(Sibirien)
HOKKAIDŌ
Sapporo
NORDKOREA
JAPAN
HONSHŪ
SÜDKOREA
Tōkyō (Tokio)
Yokohama
Kyōto
Kōbe
Nagoya
Hiroshima
Ōsaka
Kitakyūshū
SHIKOKU
Fukuoka
Nagasaki
KYŪSHŪ

Japan stellt sich vor

Japan ist der aus dem Meer aufragende Teil einer langgezogenen vulkanischen Gebirgskette und besteht aus über 6800 Inseln, die sich über eine Fläche von ca. 3800 Kilometern erstrecken. Das Land ist überwiegend mit Gebirgen bedeckt. Der höchste Vulkanberg Japans ist der Fuji (auch Fujiama oder Fujisan genannt), der eine Höhe von 3776 Metern erreicht. Die vier Hauptinseln Japans, auf denen fast die gesamte japanische Bevölkerung lebt, sind Honshū, Shikoku, Kyūshū und Hokkaidō.

Fläche: Japan ist mit 377 835 km² Fläche nur ein bisschen größer als Deutschland (Deutschland: 357 050 km²).

Hauptstadt: Tōkyō (Tokio). Die Stadt hat über 8 Millionen Einwohner.

Bevölkerung: Japan hat ca. 127,5 Millionen Einwohner. Das sind über 45 Millionen mehr als in Deutschland. Die Bevölkerungsdichte ist eine der höchsten weltweit: 329,5 Menschen leben auf einem km², fast ein Drittel mehr als in Deutschland. Frauen werden durchschnittlich 85 Jahre und Männer 78 Jahre alt. Demnach ist Japan das Land, in dem die Menschen am längsten leben.

Sprache: Japanisch

Religion: Ungefähr 85 Prozent der japanischen Bevölkerung sind Anhänger des Shintō und des Buddhismus. Die Mehrheit der Japaner hängt gleichzeitig dem Shintō und dem Buddhismus an. Nur ein Prozent der Bevölkerung sind Christen.

Städte: In Japan gibt es viele Städte. Einige sind so groß, dass ihre Grenzen aneinander stoßen, man spricht in solchen Fällen von Ballungsgebieten. Tōkyō liegt direkt neben Yokohama. Im Ballungsraum Tōkyō-Yokohama leben insgesamt 33,4 Millionen Menschen.

Klima: In Japan gibt es wie bei uns vier verschiedene Jahreszeiten. Wegen der großen Ausdehnung des Landes von Norden nach Süden ist das Klima in Japan sehr unterschiedlich: Auf Hokkaidō im Norden gibt es sehr kalte und schneereiche Winter, im Süden sind die Temperaturen dagegen subtropisch. Japan wird sehr häufig von Erdbeben heimgesucht, die besonders starken rufen sogar Flutwellen, sogenannte Tsunamis, hervor. Darüber hinaus ziehen in jedem Jahr, meist Ende September, tropische Wirbelstürme wie der Taifun über Japan hinweg und verursachen große Schäden.

Die Geschichte

Japan wird das Land der aufgehenden Sonne genannt. Es ist ein Archipel (eine Inselgruppe), der aus vielen kleinen Inseln besteht und der Legende nach von dem Götterpaar Izanagi und Izanami erschaffen wurde: Die Geschwister sollen eines Tages eine juwelenbestückte Lanze ins Meer getaucht haben. Als sie die Lanze wieder herausnahmen, rannen Tropfen von der Spitze und fielen herab – sie formten die ersten Inseln Japans.

Niemand kennt die genauen Ursprünge des japanischen Volkes. Wahrscheinlich waren die Ureinwohner des Archipels die Ainu, ein Volk, das im Norden des Landes auf der Insel Hokkaidō lebte.

Lange Zeit war Japan wegen seiner geografischen Lage sehr isoliert, der Kontakt mit China und Korea stellte die einzige Verbindung zur Außenwelt dar. Im Jahr 57 v. Chr. hatte Japan Handelsbeziehungen zu China geknüpft, und dieses große Reich beeinflusste von da an sehr stark die japanische Kultur. Erst 1549 erreichten portugiesische Handelsschiffe japanische Küsten. Portugal war zu dieser Zeit eine große Seemacht und verfügte bereits über zahlreiche Handelskontakte zu anderen asiatischen Ländern, vorwiegend zu Indonesien, wo es Gewürze kaufte. Aber kaum hatten sich portugiesische Schiffe in japanischen Gewässern gezeigt, ließ der japanische Kaiser alle Häfen schließen und untersagte seinen Untertanen, ihre Inseln zu verlassen. Mit Unterstützung der Shōgun, der Anführer der Kriegerkaste der Samurai, riegelte sich Japan im Jahr 1639 schließlich ganz von der Außenwelt ab.

Erst im Jahr 1853, als amerikanische Militärschiffe in das Küstengebiet Japans vordrangen, war Japan bereit, seine Grenzen zu öffnen. Kaiser Meiji, der eine Modernisierung der japanischen Gesellschaft anstrebte, weil er befürchtete, sein Land würde gegenüber der restlichen Welt zurückbleiben, schickte nun Japaner nach Europa und Amerika, damit sie für ihn herausfanden, wie die Menschen dort lebten. Mit Hilfe der neuen Erkenntnisse gelang es Japan innerhalb weniger Jahre, seine Gesellschaft vollständig umzuwandeln. Im Jahr 1905 siegte Japan über Russland im Russisch-Japanischen Krieg, das zeigt, dass Japan eine Großmacht geworden war.

1939, zu Beginn des Zweiten Weltkrieges, wusste Japan zunächst nicht, auf welcher Seite es kämpfen sollte. Doch die militärischen Erfolge Deutschlands ermutigten es, das Nazi-Regime mit allen Mitteln zu unterstützen. Japan griff zunächst Amerika in Pearl Harbor an, einem Hafen im Pazifik, und überfiel anschließend zahlreiche Länder in Asien. Erst 1945, nachdem die Amerikaner Atombomben auf Hiroshima und Nagasaki abgeworfen hatten, erklärte Japan seine Kapitulation. Seitdem unterhält es keine Armee mehr. Allerdings wurden japanische Hilfsstreitkräfte im Jahr 2004 in den Irak geschickt, um die amerikanischen Kriegstruppen dort zu unterstützen.

Nach dem Zweiten Weltkrieg veränderte sich das Gesicht Japans völlig. Die Japaner begannen mit dem Wiederaufbau ihres Landes, das im Krieg vollständig zerstört worden war, und entwickelten ihre Wirtschaft. Heute ist Japan nach den USA und der Europäischen Union (EU) die drittgrößte Wirtschaftsmacht der Welt. Japan besitzt den schnellsten Zug der Welt (den Shinkansen) und den höchsten Entwicklungsstand im High-Tech-Bereich. Und dennoch hat dieses hochmoderne Land seine alten Traditionen bewahrt.

Aoki, Hayo und Kenji laden uns nach Japan ein

Diese drei Kinder leben auf der großen Insel Honshū, der Hauptinsel des Archipels.

Aoki wohnt in Tōkyō, der Hauptstadt Japans, in einem Hochhaus im Viertel Minato-ku, mitten in der Stadt. Jedes Jahr besucht das Mädchen während der Ferien ihre Tante, die in Sapporo auf der Insel Hokkaidō lebt. Dort siedelten die ersten Bewohner Japans.

Hayo kommt aus der Kaiserstadt Kyōto und kennt sich mit der Geschichte seines Landes sehr gut aus. Ihm gefällt vor allem die mittelalterliche Epoche in Japan, die Zeit der Samurai. Hayos Mutter beherrscht nicht nur das Ikebana, die japanische Kunst des Blumensteckens, sondern sie leitet als Teemeisterin auch japanische Teezeremonien. Sie erteilt Hayos Schwester Ogino Unterricht in dieser alten Kunst, damit diese sie später fortsetzen kann. Hayo träumt davon, ein Sumōtori zu werden, ein Sumō-Ringer. Sumō-Ringen ist eine japanische Kampfsportart.

Kenji wohnt in Hiroshima in einem kleinen Haus in der Nähe des Hafens. Hiroshima ist auf der ganzen Welt bekannt als die Stadt, auf die am 6. August 1945 die erste Atombombe der Geschichte abgeworfen wurde. Jedes Jahr wird in Kenjis Schule Sadako Sasaki gedacht. Sie war eine japanische Schülerin und wurde zum weltweit bekanntesten Opfer der Atombombenabwürfe auf Hiroshima und Nagasaki.

Aoki lebt in Tōkyō

Die junge Aoki wurde vor elf Jahren in Tōkyō geboren. Sie wohnt in einem elfstöckigen Haus im Stadtviertel Minato-ku, das im Zentrum der Stadt liegt. Tōkyō ist nicht nur eine Metropole, sondern sogar eine sogenannte Megastadt. In der Stadt selbst leben über 8 Millionen, im Ballungsraum über 30 Millionen Menschen. Tōkyō ist das Finanz-, Industrie-, Handels- und Kulturzentrum Japans mit zahlreichen Universitäten, Hochschulen, Forschungsinstituten, Theatern und Museen. Aoki wird Jahre brauchen, um alle Ecken und Winkel ihrer Heimatstadt kennen zu lernen.

Die verschiedenen Gesichter Tōkyōs

Tōkyō ist in Stadtbezirke unterteilt, die ihre charakteristischen Merkmale haben. Shinjuku zum Beispiel ist eines der modernsten Stadtviertel Tōkyōs mit den riesigen Leuchtreklamen, die Tag und Nacht blinken, und den mächtigen Antennen auf den Dächern der Häuser. Die Straßen sind ständig belebt, auch nachts. Man hat den Eindruck, dass das Leben hier niemals still steht!
In Shinjuku befinden sich auch die höchsten Gebäude Tōkyōs, in denen die bedeutendsten japanischen Unternehmen ihre Firmensitze haben. Aokis Vater arbeitet in einer Versicherungsgesellschaft, deren Büroräume sich in einem dieser Häuser auf der 55. Etage befinden. Von dort oben hat man einen herrlichen Blick über die Bucht von Tōkyō.

Konica
ヨドバシカメラ
Konica
ヨドバシカメラ
レイク 無人受付コーナー
レイク
カードは一
アコム
ファースト・キッチン
ファースト・キッチン

Im Stadtbezirk Ueno geht es hingegen wesentlich ruhiger und traditioneller zu. Hier gibt es hauptsächlich kleine Wohnhäuser und Parkanlagen. Im letzten Frühjahr hat Aoki mit ihrer Schulklasse einen Ausflug in den Stadtpark von Ueno unternommen, der zur Kirschblütenzeit besonders schön ist. Manchmal entdeckt man auch in Ueno ein ganz modernes Gebäude, das an einen buddhistischen Tempel oder an eine Reihe typisch japanischer Holzhäuser angrenzt. Ueno ist wie ein großes Dorf inmitten einer hochmodernen Stadt!

Doch die größte Sehenswürdigkeit Tōkyōs befindet sich im Stadtbezirk Aoyama, in der Nähe von Aokis Wohnort: Es ist der Tōkyō taw (der Tokio Tower), der Sendeturm der Stadt. Die Stahlkonstruktion ist eine Kopie des Pariser Eiffelturms und wurde 1958 erbaut.

Direkt neben Tōkyō liegt Yokohama, die Stadt mit dem größten Hafen Japans. Die beiden Städte befinden sich so nah beieinander, dass man nie genau weiß, wann man die eine verlässt und die andere betritt. Aoki fährt mit ihren Eltern häufig an den Wochenenden nach Yokohama, um sich die riesige Bucht von Tōkyō mit den großen Schiffswerften am Hafen anzusehen. Ein- oder zweimal im Jahr besucht Aokis Familie den dortigen Fischmarkt, der auch nachts geöffnet ist. Dafür müssen sie aber schon um fünf Uhr morgens aufstehen.

Die Erdbeben

In Japan sind Erdbeben sehr häufig. Dem japanischen Volksglauben nach werden sie von dem riesenhaften Katzenfisch Namazu verursacht, der tief unter der Erde lebt und durch seine Bewegungen mit dem Schwanz die Erde erschüttern lässt.

Das Große Kanto-Erdbeben zerstörte am 1. September 1923 ganz Tōkyō und forderte mehr als 100 000 Opfer. Im Jahr 1995 wurde auch die Stadt Kōbe von einem verheerenden Erdbeben heimgesucht, bei dem zahlreiche Menschen ums Leben kamen. Glücklicherweise sind derartige Erdbeben äußerst selten. Die meisten sind nicht sehr gefährlich. Außerdem verstehen es die Japaner, ihre Häuser so zu bauen, dass sie selbst schweren Erschütterungen standhalten.

Manchmal werden Aoki und ihre Familie mitten in der Nacht von bebenden Wänden und Türen geweckt oder von Betten, die sich bewegen … In der Regel dauert das nur wenige Sekunden, doch der Schreck sitzt jedes Mal tief. Bei starken Erschütterungen müssen sie sofort ein Fenster im Zimmer öffnen, damit sie ihr Haus schnell verlassen können, wenn sich die Eingangstür nach der Erschütterung nicht mehr öffnen lässt. Direkt danach suchen sie Schutz unter einem Tisch, damit sie nicht von herabfallenden Gegenständen verletzt werden. Auf keinen Fall dürfen sie nach draußen gehen, bevor das Erdbeben vorüber ist.

Die Schule

Aoki geht jeden Morgen zu Fuß zur Schule, weil sie das Glück hat, ganz in der Nähe zu wohnen. Sie frühstückt zusammen mit ihren Eltern, aber ohne ihren großen Bruder Shinji, der immer zu spät aufsteht und dann meistens losrennen muss, um pünktlich im Gymnasium zu sein.
Aoki besucht seit ihrem sechsten Lebensjahr die Schule, wie es für alle Kinder in Japan vorgeschrieben ist. Sie geht jetzt in die letzte Klasse der Grundschule, die sechs Jahre dauert. Danach wird sie drei Jahre lang die Mittelschule besuchen, wo für sie der Englischunterricht beginnt. Nach der Mittelschule steht ein Wechsel aufs Gymnasium an.

Im Unterschied zum deutschen Schulsystem beginnt das Schuljahr stets am 1. April. Die Ferien sind im ganzen Land einheitlich geregelt.
Die Schule, die Aoki besucht, ist eine reine Mädchenschule. Hingegen werden am Gymnasium ihres Bruders Jungen und Mädchen gemeinsam unterrichtet. In den japanischen Schulen tragen alle Kinder eine Schuluniform, die für die Jungen aus Hose und Jacke und für die Mädchen aus einem Kostüm besteht. Die einheitliche Kleidung soll das Gemeinschaftsgefühl der Schülerinnen und Schüler stärken und die sozialen Unterschiede nicht sichtbar werden lassen.

Wie in allen japanischen Schulen gibt es auch in Aokis Schule strenge Regeln. Schon in der ersten Klasse hat sie gelernt, wie sie ihren Lehrer (den Sensei) zu grüßen hat, nämlich mit einer respektvollen Verbeugung. Der Lehrer ist so etwas wie das Zeichen der Weisheit, und die Kinder müssen ihm gegenüber in jeder Hinsicht gehorsam sein. Außerdem wird verlangt, den Älteren mit Achtung zu begegnen. Der Lehrer wiederum verhält sich den Schülern gegenüber sehr höflich. Aoki liebt in der Schule besonders die Turnstunde jeden Morgen und die Origami-Kurse, die japanische Kunst, Papier zu falten. Im Kurs lernt Aoki, wie man quadratische Papierblätter zu Figuren knickt, ohne eine Schere oder Klebstoff zu gebrauchen. Diese Übung schult die Geschicklichkeit und erfordert, dass man sehr konzentriert und genau arbeitet.

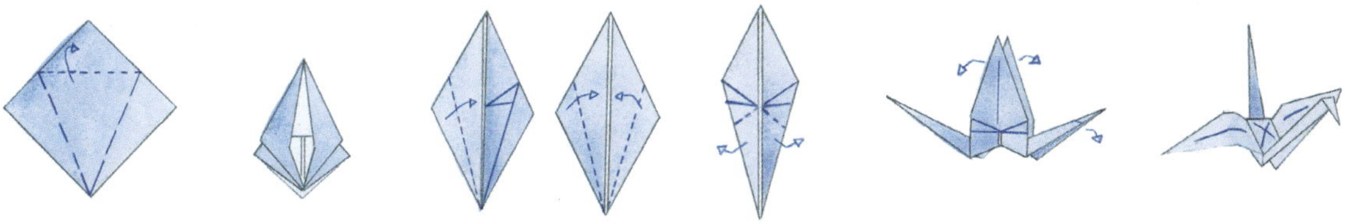

Ein Beispiel für Origami: die berühmten Papierkraniche. Sadako Sasaki faltete sie im Krankenhaus, um so die Götter zu bitten, sie wieder gesund zu machen. Seither sind die Origami-Kraniche ein Symbol der internationalen Friedensbewegung (siehe auch Seiten 38 und 39).

Unterricht am Abend

Mit dem Besuch der Mittelschule beginnt der harte Konkurrenzkampf unter den Schülern, denn jeder von ihnen will einmal das beste Gymnasium und danach die beste Universität des Landes besuchen.

Am Ende jedes Schuljahres finden Eignungsprüfungen für diese Schulen statt. Die Schüler stehen also unter ständigem Leistungsdruck. Diese Situation ist an allen Schulen unter dem Begriff *Juken jigoku* bekannt, was übersetzt »Prüfungshölle« bedeutet. In der japanischen Kultur spielt Erfolg eine sehr wichtige Rolle, und Misserfolg wird als Schande empfunden.

Wenn Aoki nach der Schule abends nach Hause kommt, sieht sie ihren Bruder nur für kurze Zeit, denn Shinji erhält wie viele seiner Mitschüler am Abend zusätzlichen Unterricht in einer Privatschule, damit er noch besser wird. In der Juku büffelt er für die Eignungsprüfungen, die die besten Schulen Tōkyōs veranstalten. Wenn Aoki auf die Mittelschule wechselt, wird auch sie diese teure »Paukschule« besuchen.

Bevor Shinji abends das Haus verlässt, isst er schnell noch eine Bento-Mahlzeit, die seine Mutter für ihn zubereitet hat. Das Bento ist eine kleine, meist rote Schachtel aus leichtem Holz oder Kunststoff mit mehreren Innenfächern, in denen verschiedene Speisen getrennt aufbewahrt und transportiert werden können. In Japan ist das Bento sehr beliebt, jeder hat seines dabei und verwendet es für alle Mahlzeiten, vor allem für das Mittagessen.

In einem Bento hat man meist Reis, Stückchen von rohem Fisch und Hühnerfleisch sowie verschiedenes Gemüse. Shinjis Mutter macht für ihren Sohn oft noch süße Eierkuchen. Auf den Reis legt sie immer eine eingelegte Pflaume. Wenn Shinji von der Juku dann nach Hause kommt, ist es schon spät, und er ist so müde, dass er nur noch ins Bett fällt.

Die japanische Schrift

Aoki hat in der Schule die Kanji, die Schriftzeichen der japanischen Sprache, lesen und schreiben gelernt. Die Kanji wurden in Japan von buddhistischen Mönchen aus China eingeführt, die zu Beginn des 4. Jahrhunderts n. Chr. nach Japan kamen. Es sind komplexe Schriftzeichen, die auch in der chinesischen Sprache verwendet werden. Ursprünglich entsprach jedes dieser Zeichen einem Bild. So wird zum Beispiel das Wort Vulkan mit einem Kanji für Feuer und einem für Berg dargestellt. Aoki kennt bereits 500 Kanji, und nach dem Abschluss des Gymnasiums werden es mindestens 2000 sein.

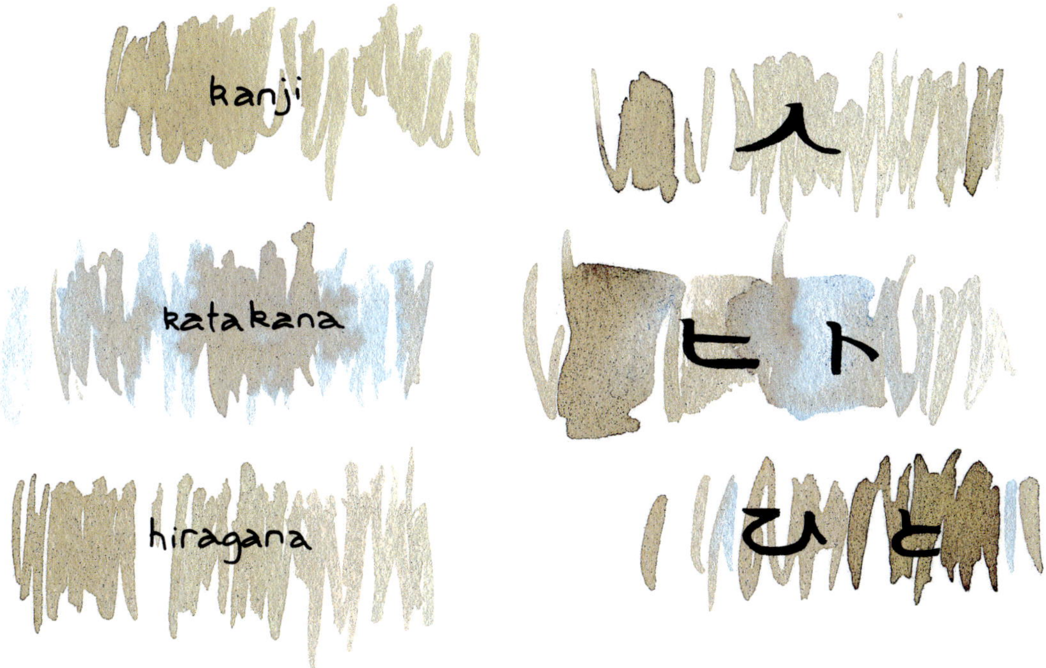

»Mensch«, geschrieben mit Kanjis, in Katakana und in Hiragana

Doch das japanische Schriftsystem besteht nicht nur aus Kanji. Nachdem Japan um das Jahr 838 die Beziehungen zu China vorübergehend abgebrochen hatte, erfanden die Japaner andere, weniger komplizierte Zeichen einer Silbenschrift, die ihrer Lebensweise eher entsprachen. So findet man heute in einem japanischen Text neben Kanji auch noch zwei weitere Schriften: Katakana und Hiragana. Die moderne japanische Schrift besteht also aus den komplizierten eckigen (ehemals chinesischen) Schriftzeichen Kanji, die einen Begriff ausdrücken, und den einfacheren abgerundeten (schon immer japanischen) Schriftzeichen Katakana und Hiragana, die so ähnlich wie bei uns Silben abbilden.

In der Schule hat Aoki als Erstes die Hiragana gelernt, die einfachsten der japanischen Schriftzeichen. Mit diesen Zeichen hat sie lesen und schreiben gelernt. Danach hat der Lehrer seinen Schülern verschiedene Kanji beigebracht, die einfach zu schreiben und leicht zu behalten sind. Später, auf dem Gymnasium, wird Aoki die Katakana und weitere Kanji kennen lernen. Doch bis dahin liest Aoki Geschichten, die in Hiragana und Kanji geschrieben sind, vor allem die Mangas, japanische Comics.

Die Mangas

Wie alle jungen Japaner ist Aoki ganz verrückt nach Mangas, den japanischen Comics, die wegen der Zeichnungen und der vorwiegend in Hiragana geschriebenen Texte leicht zu verstehen sind.

Doch die Mangas sind nicht ausschließlich für Kinder gemacht. Es gibt auch Mangas für Jugendliche und sogar für Erwachsene. Aokis Bruder und ihre Eltern lesen sie ebenfalls. Eigentlich liest jeder in Japan Mangas, ob zu Hause, in der Straßenbahn, in Parkanlagen oder auf der Straße.

Die Mangas sind in Japan seit langem sehr beliebt, die ältesten bekannten Vorläufer der modernen Comics stammen aus dem 8. Jahrhundert! Damals waren es einfache Papierrollen, auf denen Bilder gemalt und Texte geschrieben waren. So konnte man, während man das Papier aufrollte, eine ganze Geschichte lesen. Zunächst wurden die Mangas am Hof des Kaisers eingeführt, später dann las sie das ganze Volk. Doch erst Anfang des 20. Jahrhunderts erschienen die Mangas als Comic in Buchform, so wie sie heute existieren. Die Titel *Norakuro (Der schwarze Hund)* und *Boken Dankichi (Die Abenteuer von Dankichi)* waren vor dem Zweiten Weltkrieg die berühmtesten Mangas. Aokis Großvater liebte diese Geschichten, und als seine Enkelin schließlich lesen konnte, schenkte er sie ihr.

Nach dem Zweiten Weltkrieg wurden die Mangas lebhafter, einerseits durch die Darstellung von Bewegung und andererseits durch die Verwendung lautmalerischer Worte oder Silben und sehr kurzer Sätze. Das Manga mit dem Titel *Tetsuwan Atomu*, in Deutschland bekannt unter dem Titel *Astro Boy*, war 1963 das erste, welches als Zeichentrickserie im Fernsehen ausgestrahlt wurde, genau wie die Comics *Tim und Struppi* oder *Asterix*, die später in die Kinos kamen. Heute tauchen viele Manga-Figuren im japanischen Fernsehen oder in Videospielen auf.

きる。かつてのぼくと同じ問題を抱えているひとは、一度試してみ
てはいかがでしょう。
パでの玄米食の
と聞いたことがある。アトピー性皮膚炎に
今では電気釜に玄米モードがついているので、
PLAF
CROCROC

Das Volk der Ainu – die Ureinwohner Japans

Einmal im Jahr, während der Sommerferien, besucht Aoki ihre Tante Kusama, die in Sapporo auf der Insel Hokkaidō lebt. Diese Insel im Norden des Archipels liegt nahe bei Russland. Im Winter ist es zwar auf Hokkaidō sehr kalt, und es toben heftige Schneestürme, aber im Sommer ist es warm und trocken. Deswegen verbringen viele Japaner hier ihre Ferien.
Jedes Jahr also können Aoki und ihre Mutter auf ihrer Reise nach Sapporo vom Flugzeug aus die Gipfel der Berge und Vulkane sehen, die sich in der Nähe von Sapporo befinden. Tante Kusama wurde auf der Insel Hokkaidō geboren, wo einer ihrer Vorfahren ein Dorfhäuptling aus dem Stamm der Ainu war.

Aoki besuchte einmal das Ainu-Dorf Asahikawa, das ganz in der Nähe von Sapporo lag und dort wieder aufgebaut wurde, um den Besuchern die Lebensweise dieses Volkes nahe zu bringen. Aokis Tante erzählte ihr viel über die Geschichte der Ainu, und so erfuhr sie, dass die Ainu wahrscheinlich aus Sibirien stammten und eine hellere Hautfarbe als die Japaner besaßen. Sie bevölkerten vor mehreren tausend Jahren die Insel Hokkaidō und die Nachbarinseln Kurilen und Sachalin, die heute zu Russland gehören.

Die Ainu haben stets versucht, ihre Unabhängigkeit zu bewahren. Sie lebten hauptsächlich von der Jagd und dem Fischfang. Auf der Insel Hokkaidō und im Norden der Insel Honshū bauten sie Tausende kleiner Dörfer. Doch die Ainu blieben nicht lange allein auf ihren Inseln. Andere Völker asiatischer Abstammung, vorwiegend aus China und Korea, siedelten sich ebenfalls dort an und eroberten allmählich ihre Gebiete.

Seit dem frühen 5. Jahrhundert wurden die Ainu von den japanischen Herrschern verfolgt, im 9. Jahrhundert zum Beispiel von der mächtigen Kaiserfamilie Fujiwara. Ihr Ziel war es, die Gewalt auch über die

Gebiete der Ainu bis zum Norden des Archipels zu erlangen. Bis ins 19. Jahrhundert hinein versuchten die Shōgun, ihr Land zu vergrößern, und beschlossen daher irgendwann, das Gebiet der Ainu zu ihrer Kolonie zu erklären, um damit den Widerstand der Ureinwohner zu brechen. Große Waldgebiete wurden in Ackerflächen umgewandelt. Da die Ainu jetzt keinen Jagdgrund mehr besaßen, konnten sie sich nicht mehr richtig ernähren, viele von ihnen starben. Die Überlebenden waren gezwungen zu lernen, wie man Felder bestellt.

Heute leben in Japan nur noch wenige tausend Ainu, die bemüht sind, ihre Kultur zu bewahren. Tante Kusama ist eine davon und hat jahrelang dafür gekämpft, dass die japanische Regierung die Rechte ihres Volkes anerkennt. 1997 erklärte sich Japan bereit, die Ainu-Kultur zu fördern. Doch das reicht längst nicht aus. Auch heute noch nimmt Tante Kusama häufig an Konferenzen in Tōkyō oder Kyōto teil, um von ihren Vorfahren zu sprechen und zu verhindern, dass die Geschichte dieses Volkes in Vergessenheit gerät.
Weil Tante Kusama sie darum gebeten hat, wird Aoki nach den Ferien in der Schule einen kleinen Vortrag über die Ainu halten.

歩行者用道路
宝くじ
発売中

尾中内
上野画廊
4F
フタバゴルフ
maruman
EON SPORTS
三信ゴルフ
焼肉
和光
純喫茶
PRGR
衣食住
BOX

Hayo kommt aus Kyōto

Lange Zeit, von 794 bis 1868, war Kyōto die kaiserliche Hauptstadt Japans. Die Schriftzeichen für Kyōto bedeuten wörtlich »Hauptstadt«. Hier sind der elfjährige Hayo und seine zwei Jahre ältere Schwester Ogino zu Hause. Ihre Eltern betreiben ein Ryokan, ein traditionelles Hotel, nahe des historischen Stadtviertels Gion.

Wie alle Ryokans ist auch das von Hayos Familie ein traditionelles japanisches Wohnhaus mit zwei Stockwerken, das ganz aus Holz gebaut ist. Das Haus hat 14 Gästezimmer, die alle Pflanzennamen tragen: Kirsche, Jasmin, Iris … Neben jedem Zimmer steht den Besuchern ein kleiner Aufenthaltsraum zur Verfügung, in dem sie, auf Kissen sitzend, Tee trinken oder auch etwas essen können. Doch das wirklich Besondere eines Ryokans besteht darin, dass man ausschließlich auf Futons schläft. Ein Futon ist eine traditionelle japanische Schlafunterlage, die direkt auf den Fußboden gelegt wird. Tagsüber wird sie zusammengerollt und weggeräumt. Die Japaner kennen zwei Arten von Matratzen: Futons und solche, wie sie bei uns gebräuchlich sind.
Der Ryokan von Hayos Familie ist in Kyōto sehr bekannt, da er einer der ältesten ist. Er wurde von Generation zu Generation vererbt.

Kyōto ist kleiner als Tōkyō, es liegt in unmittelbarer Nähe von zwei weiteren Großstädten, Kōbe und Ōsaka, und bildet mit diesen zusammen den zweitgrößten Ballungsraum Japans. Die Stadt Kyōto ist heute vor allem bekannt wegen der Konferenz der Vereinten Nationen (UNO), die 1997 dort stattfand und mit dem berühmten Kyōto-Protokoll abschloss. Das Ziel dieser Konferenz war es, gemeinsam darüber nachzudenken, wie man den Ausstoß von Treibhausgasen stoppen kann, welche für die gefährliche Erwärmung des Klimas weltweit verantwortlich sind.

Die Stadt ist in drei große Bereiche eingeteilt: das Geschäftsviertel im Süden, die Altstadt im Zentrum (hier leben Hayo und Ogino) und die Parkflächen im Norden. Trotz aller Modernisierungsmaßnahmen und der Tatsache, dass die Stadt schon lange keine Hauptstadt mehr ist, gilt Kyōto weiterhin als das historische und kulturelle Zentrum Japans. Die historischen Denkmäler der Kaiserstadt wurden 1994 von der UNESCO in die Liste des Weltkulturerbes aufgenommen. Hayo und Ogino sind sehr stolz darauf, in einer so bedeutenden Stadt zu leben.

Die Stadt der Denkmäler

Hayo und Ogino haben in ihrer Stadt schon viele Tempel und Stadtpaläste mit ihren Eltern und Großeltern besichtigt. Doch es gibt immer noch viel zu entdecken, da in Kyōto mehr als 2000 Denkmäler stehen!

Hayo und Ogino haben bereits die berühmtesten Spuren der kaiserlichen Vergangenheit kennen gelernt: den Kaiserpalast; den Palast des Shōgun, der wie eine Burg aussieht; den Goldenen Pavillon, dessen Dach und Wände komplett mit Blattgold überzogen sind; den buddhistischen Tempel Ryoan-ji mit seinem berühmten Zen-Garten aus Sand und Steinen, die ein Muster von Meereswellen zeichnen; den Silbernen Pavillon, dessen Garten eine Landschaft des benachbarten China darstellt. Während des Feudalismus, in dem die japanische Gesellschaft in einer strengen Ständeordnung lebte, waren all diese herrlichen Orte ausschließlich dem Kaiser, seinem Hof, den Adligen und den buddhistischen Mönchen, die großen Einfluss besaßen, vorbehalten.

Hayo und Ogino treffen in dem Hotel ihrer Eltern jeden Tag neue japanische und ausländische Touristen, die sich die Kaiserstadt ansehen wollen. Manchmal führt ihr Vater die Gäste durch die Stadt und zeigt ihnen die bekanntesten Bauwerke. Er erzählt ihnen auch von den Samurai, die in Japan zu einer Zeit lebten, in der das Land vom Adel regiert wurde.

Die Shōgun und die Samurai

Schon als kleines Kind hat Hayo von seinem Vater die Geschichte der Samurai gehört, dieser starken und gefürchteten Krieger. Das Wort Samurai bedeutet »Diener«. Die Samurai haben die Geschichte Japans vom 12. Jahrhundert bis zum Ende des 19. Jahrhunderts bestimmt. Das Zeitalter der Samurai begann, als Japan in sogenannte Shōgunate aufgeteilt war: Gebiete, die von Feudalherren, den Shōgun, kontrolliert wurden. Die Shōgun waren militärische Anführer und verteidigten ihre Ländereien mit Hilfe der Samurai, die ihren Herren vollkommen ergeben waren. Doch die Samurai standen gleichzeitig in den Diensten des Kaisers (des Tennōs). Ein bisschen kann man die Samurai mit unseren mittelalterlichen Rittern und die Shōgun mit unseren Herzögen vergleichen. Ursprünglich waren die Shōgun dem Tennō untergeordnet, im Laufe der Zeit wurden sie jedoch zu den eigentlichen Herrschern Japans.

Während dieser langen Zeit gab es zahlreiche Kämpfe zwischen den einzelnen Shōgunaten. Diejenigen Samurai, die zu den reichsten und mächtigsten Familien gehörten, kämpften zu Pferd, die anderen zu Fuß. Sie trugen einen Helm und einen Brustpanzer aus engen Stahlbändern, die mit Seilen oder Klammern miteinander verbunden waren. Es war ausschließlich den Samurai vorbehalten, das Schwertpaar Daishō, die höchste Waffenausrüstung, zu tragen. Die beiden säbelförmigen Schwerter, die auf der linken Körperseite getragen wurden, waren unterschiedlich lang: Das Katana (Langschwert) wurde zum Kämpfen verwendet, und das Shotō (Kurzschwert) wurde benutzt, um einem besiegten Feind den Kopf abzuschlagen.

Der Ehrenkodex der Samurai

Hayo weiß bereits, was der Ehrenkodex der Samurai bedeutet. Sein Vater hat ihm einmal erklärt, dass es unter der Herrschaft der Shōgun in der japanischen Gesellschaft eine strenge Hierarchie gab. Ganz oben stand der Tennō, er war göttlicher Abstammung. Danach kamen die mächtigen Shōgun, die ihre Shōgunate kontrollierten. Die Shōgunate waren unterschiedlich groß. Und wie bei uns im Mittelalter, wo die Feudalherren mit dem größten Grundbesitz auch die mächtigsten waren, so hatte der Shōgun mit dem ausgedehntesten Shōgunat den meisten Einfluss. An nächster Stelle kamen die Künstler, die Bürger und die Bauern. Ganz unten in der Hierarchie befanden sich die Eta, die »Beschmutzten«, die alle Arbeiten verrichteten, die niemand sonst erledigen wollte.

Die Samurai besaßen eine bevorzugte Stellung. Sie durften weder arbeiten noch Geld verdienen. Ihre einzige Aufgabe bestand darin, Krieg zu führen. Sie mussten strenge Gesetze beachten. Ein Samurai durfte keinen Augenblick zögern, einer Person mit seinem Schwert den Kopf abzuhauen, wenn diese sich ihm gegenüber schlecht verhalten hatte. Und er musste bereit sein, seine ganze Kraft und all seine Güter für den Tennō und für seinen Shōgun herzugeben. Die größte Schmach für einen Samurai bestand darin, sich vom Feind gefangen nehmen zu lassen. In einem solchen Fall zog er es vor zu sterben, und tötete sich selbst.

Ikebana – die Blumensteckkunst

In dem Hotel, das Hayos Eltern betreiben, sind alle Zimmer mit Blumengestecken dekoriert. Einige sind einfach gehalten, andere stellen wahre Kunstwerke dar.

Die Blumensteckkunst Ikebana (das bedeutet wörtlich »lebende Blumen«) ist eine alte japanische Tradition und auch heute noch sehr beliebt. Wie viele andere japanische Traditionen stammt Ikebana ursprünglich aus China und wurde von buddhistischen Mönchen im 7. Jahrhundert nach Japan gebracht. Damals war Ikebana nur den Männern vorbehalten. Doch die Zeiten haben sich geändert, denn heutzutage wird diese Kunst vorwiegend von Frauen und Mädchen ausgeübt.

Hayos Mutter gibt Ikebana-Kurse an der Ikenobo-Schule in Kyōto, der ältesten Ikebana-Schule Japans. Ogino, Hayos Schwester, verbringt zu Hause Stunden damit, Ikebana-Gestecke mit der Hilfe ihrer Mutter anzufertigen. Das Ziel dabei ist, Zweige, Blätter und Blumen so zu stecken, dass ein Dreieck entsteht. Seine Spitzen symbolisieren Himmel, Erde und Mensch.
Ogino lernt, wie sie die Stängel unter Wasser schneiden muss, damit die Blüten länger frisch bleiben, und wie sie die Pflanzen am besten arrangiert. Man muss die Stängel kurz in kochendes Wasser tauchen oder über Dampf halten, damit sie härter werden und die Gestecke dadurch stabiler sind.

Immer wenn das Jahr zu Ende geht, schauen Hayo und Ogino ihrer Mutter dabei zu, wie sie Dutzende von Gestecken anfertigt, die sie dann am Eingang des Hotels aufstellt. Sie verwendet für die Gestecke hauptsächlich Chrysanthemen und Pinienzweige, denn eine der Regeln des Ikebana besagt, dass die ausgewählten Pflanzen der Jahreszeit entsprechen müssen. Für das Pfirsichfest im März zum Beispiel fertigt Ogino ein Gesteck aus Pfirsich- und Kirschzweigen an. Die Farbe und Form der Vase spielt ebenfalls eine wichtige Rolle, sie soll gut zu den verwendeten Blumen passen.

Im Juli kann man im Stadtviertel Gion, das nicht weit von Hayos Haus entfernt liegt, die schönsten Blumengestecke von ganz Kyōto bewundern. An allen Häusern sind Blumengirlanden und -laternen befestigt. Vom 1. bis zum 29. Juli feiert die Stadt das Gion Matsuri (Matsuri heißt »Fest«), es ist eines der drei wichtigsten japanischen Feste. Einer der Höhepunkte des Festes ist der 17. Juli. An diesem Tag findet ein Umzug mit 32 Wagen statt. Am 24. Juli gibt es eine Tanzparade. Gion Matsuri geht auf das Jahr 869 zurück, als die Pest in Kyōto und den umliegenden Städten wütete. Alle Bewohner der Stadt kamen zusammen, um in einer Zeremonie die Götter zu besänftigen und sie zu bitten, die Pest von ihnen zu nehmen. Auch wenn die Pest schon lange besiegt ist, gibt es das Gion Matsuri noch, weil man nie genug Anlässe haben kann, das Leben zu feiern.

Chanoyu – die Teezeremonie

Das Hotel von Hayos Eltern ist nicht nur wegen seiner Blumengestecke bekannt. Hayos Mutter ist auch noch Teemeisterin und veranstaltet oft Chanoyu, die japanische Teezeremonie.

Der Tee stammt ursprünglich aus China und wurde von buddhistischen Mönchen im 8. Jahrhundert nach Japan gebracht. Die Teezeremonie entwickelte sich in Japan zu Beginn des 12. Jahrhunderts. Die Japaner glauben, dass sie am besten zeigt, worauf es ihnen in ihrem Leben ankommt: auf innere Ruhe, auf Harmonie zwischen den Menschen, auf die Schönheit der Natur, auf tiefes Nachdenken und Weisheit. Während der Teezeremonie kann man den Wabi-Zustand erreichen, das heißt, man kann innerlich ruhig und gelassen werden. Daher gilt die Teezeremonie nicht nur als eine Kunst, sondern auch als eine Art geistige Übung. Auch Hayo und Ogino freuen sich jedes Mal, wenn ihre Mutter in der Teezeremonie die alte japanische Tradition wieder aufleben lässt. Abwechselnd helfen sie ihr, die Gäste zu empfangen und den Tee zuzubereiten.

Den Regeln entsprechend findet die Teezeremonie in einem eigens dafür hergerichteten Pavillon, dem Teehaus, im schattigen Teil des Gartens statt. Für jede Zeremonie gilt die gleiche, genau geregelte Abfolge. Die Gäste verbleiben einige Minuten im Garten, um inmitten der schönen Pflanzen innere Ruhe zu finden. Am Eingang des Pavillons ziehen sie ihre Schuhe aus. Die Eingangstür ist klein und niedrig, nicht höher als 60 Zentimeter, wodurch die Gäste gezwungen sind, sich tief zu bücken. Auf diese Weise lassen sie Stolz und Eigensucht draußen und besinnen sich darauf, ihre Mitmenschen zu achten. Im Teeraum selbst bewegen sie sich mit kleinen Schritten und in gebeugter Haltung.

Wenn alle Gäste in der Seiza-Sitzhaltung, das heißt auf den Fersen kniend, auf dem Boden Platz genommen haben, reichen Ogino oder Hayo den Gästen kleine Kuchenstückchen. Dann gießt ihre Mutter sehr heißes Wasser in die Teekanne, in der sich die Matcha befindet, ein feiner grüner Pulvertee. Der Tee wird aus einer kleinen Teeschale aus Keramik (sie heißt Chawan) getrunken, die die Gäste langsam und im Uhrzeigersinn mit der rechten Hand dreimal drehen, um alle Seiten der Schale bewundern zu können. Wenn der Tee ausgetrunken ist, dreht jeder Gast die Schale in umgekehrter Richtung, bevor er sie Hayos Mutter reicht. Diese zeigt den Gästen anschließend die Gerätschaften, die für die Teezubereitung verwendet wurden: den Teebambuslöffel, den Teebesen und die Teedose. Während dieser feierlichen Handlung herrscht normalerweise Stille im Raum, damit die Gäste sich konzentrieren können.

Die Teezeremonie dauert 30 bis 40 Minuten, sie soll Ruhe und Harmonie bringen. Viele Japaner laden auch zu einer Teezeremonie bei sich zu Hause ein. Sie empfangen dann ihre Gäste in einem speziell dafür vorgesehenen Raum, dem Chanoma, der mit besonderen Matten, den Tatamis, ausgelegt ist.

Bei Hayos Eltern finden sogar mehrere Teezeremonien hintereinander statt. Und wenn dann der kleine Pavillon endlich einmal leer steht, empfängt Ogino im Teehaus ihren Bruder Hayo. Auch sie möchte eines Tages eine Teemeisterin werden, deshalb muss sie noch viel üben.

Hayo möchte Sumōtori werden

Hayo gefallen viele Traditionen seines Landes, aber am meisten mag er das Sumō-Ringen. Sumō ist die japanische Nationalsportart. Es ist in Japan genauso beliebt wie Fußball in Deutschland oder Baseball in den USA. Jedes Jahr finden sechs große Turniere in Tōkyō, Ōsaka, Nagoya und Fukuoka statt.

Hayo und sein Vater schauen sich immer das Turnier in Ōsaka an, da die Stadt am nächsten zu Kyōto liegt. Jedes Turnier ist ein aufregendes Ereignis, das Millionen von Japanern verfolgen. Hayo freut sich jedes Mal ganz besonders auf die Eröffnungszeremonie vor dem Beginn der Kämpfe, wenn alle Sumōtoris einen Kreis um die Kampfzone bilden und sich dem Publikum präsentieren. Hayo hat dann genügend Zeit, jeden einzelnen Ringer genau zu betrachten … und davon zu träumen, eines Tages ein Yokozuna zu werden, ein Kämpfer mit dem höchsten Rang im Sumō-Sport.

Einer Legende zufolge soll Sumō vor ungefähr 2500 Jahren entstanden sein, als sich die Götter Takemikazuchi und Takeminakata einen Kampf um die Inseln des japanischen Inselreiches lieferten. Am Anfang wurde Sumō nur in den Dörfern ausgeübt, um die Gunst der Götter für die kommenden Ernten zu erbitten. Im Laufe der Zeit fanden die Turniere auch an den Kaiserhöfen statt, zu denen Sumōtoris aus ganz Japan kamen. In der Heian-Epoche (794 bis 1185) wurde Sumō zu einem echten Volkssport.

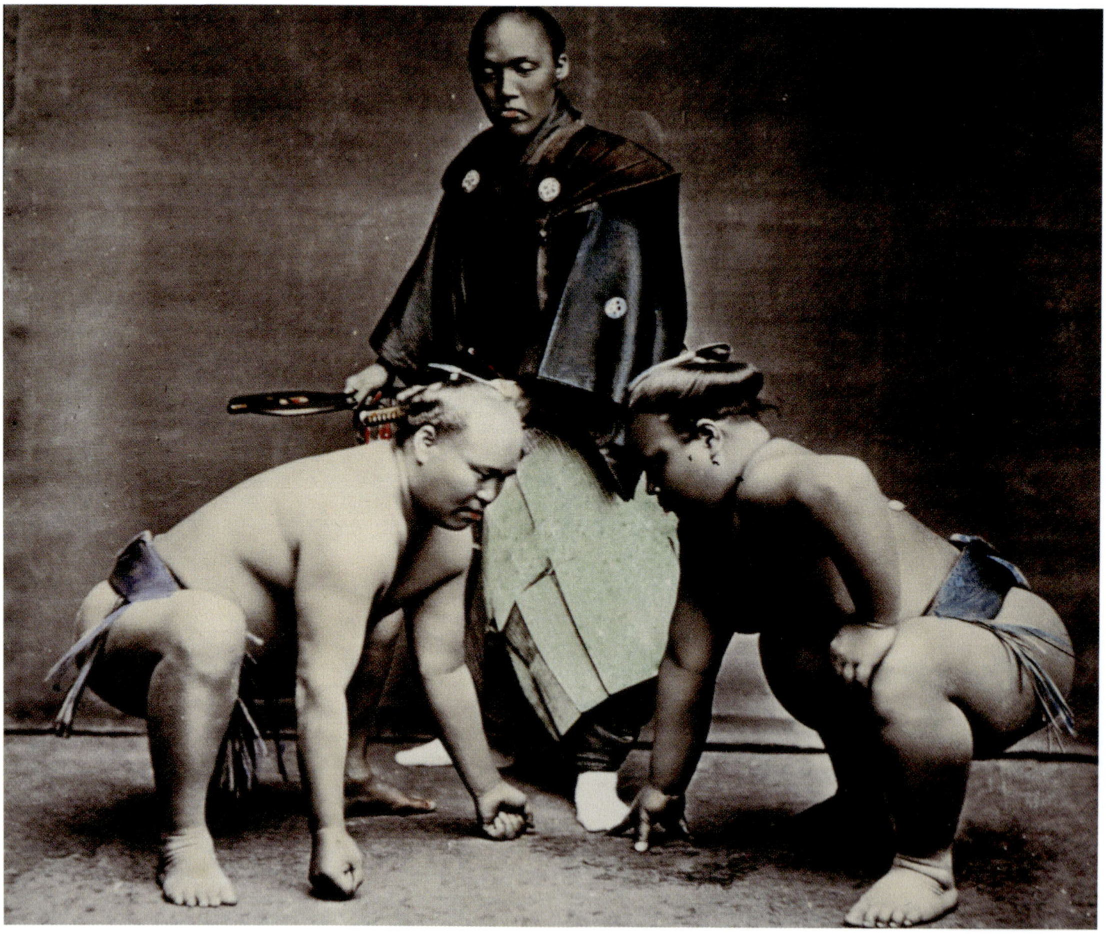

Der Kampf zwischen zwei Sumō-Ringern findet in einem abgegrenzten Kreis, einer Art Kampfring, statt. Die beiden Sumōtoris stehen sich im Kreis gegenüber und werfen vor Beginn des Kampfes Salz in den Ring, um ihn symbolisch zu reinigen, und trinken »Kraftwasser« aus einem Schöpflöffel. Danach hebt jeder Kämpfer ein Bein seitlich in die Höhe und stampft beim Zurücksetzen laut auf dem Boden auf, eine symbolische Handlung, um alle eventuell vorhandenen bösen Geister zu vertreiben. Der Kampf beginnt, wenn der Ringrichter, der in der Mitte des Rings steht, das Startsignal gibt.

Nach einer Beobachtungsphase berühren die Kämpfer mit beiden Händen den Boden und zeigen damit, dass sie den Kampf annehmen. Der Kampf kann nun beginnen: Die Sumōtoris stürzen sich aufeinander. Ziel ist es, den Gegner aus dem abgegrenzten Kreis zu drängen oder ihn zu Fall zu bringen. Auch wenn es nicht direkt zu erkennen ist, so spielt die Technik im Sumō-Sport eine wichtige Rolle.

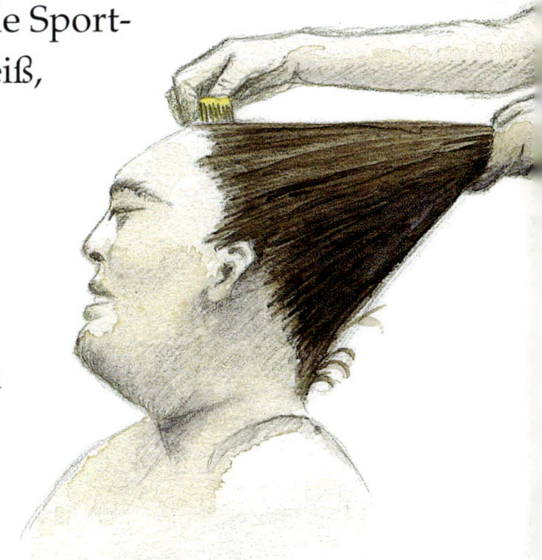

Sumō hat sehr strenge Regeln, das bedeutet für die Sportler zugleich, dass sie hart trainieren müssen. Hayo weiß, dass er nach dem Gymnasium in eine Sumō-Schule gehen muss, wenn er ein Sumōtori werden will. Mehrere Jahre lang lebt er dann mit anderen Sumō-Ringern zusammen und muss täglich mit ihnen üben. Als junger Kämpfer muss er außerdem auch kochen, die Zimmer reinigen und die Anweisungen der Älteren befolgen. Er wird dicker werden müssen, da die Sumō-Kämpfer viel Kraft benötigen. Um das zu erreichen, muss er mehrmals am Tag Chanko-nabe essen, das ist ein deftiger Eintopf aus Gemüse, Fleisch und Fisch. Das genaue Rezept wird von den Sumō-Ringern geheim gehalten. Hayo wird sich außerdem die Haare wachsen lassen müssen. Alle Sumō-Ringer haben lange Haare, die eingeölt, straff nach hinten gekämmt und zu einem Knoten zusammengebunden werden. Und dann wird Hayo von morgens bis abends und während der Turniere lediglich mit dem Mawashi, einem Stoffstreifen, bekleidet sein, der um die Hüften gewickelt, zwischen den Beinen hindurchgeführt und mit einem Knoten auf der Hinterseite befestigt wird.

Kenji ist in Hiroshima zu Hause

Kenji ist zehn Jahre alt. Er lebt mit seinen Eltern in der Nähe des Hafens von Hiroshima, einem der größten in Japan. Von dem Balkon seines Zimmers aus kann er die riesige Bucht überschauen, in der viele kleine Inseln verstreut liegen.

Neben den großen Industriebetrieben, die sich die Bucht entlangreihen, gibt es hier aber auch noch viele kleine Austernzüchter. Auch Kenjis Großvater züchtet Austern in mehreren Austernparks und verkauft seine Ware in den Restaurants der Stadt. Kenjis Vater ist Taxifahrer, und seine Mutter arbeitet als Sekretärin in einem kleinen Textilunternehmen. Auch Kenjis Vorfahren haben in Hiroshima gelebt, seit seiner Gründung vor mehreren hundert Jahren.

Die Stadt Hiroshima ist aus einem schrecklichen Grund auf der ganzen Welt bekannt: Am 6. August 1945 warf die amerikanische Luftwaffe über der Stadt eine Atombombe ab. Einige Tage später explodierte über Nagasaki eine zweite. Der Atombombenabwurf führte zur Kapitulation Japans und beendete den Zweiten Weltkrieg. Im Jahr 1949 gaben die Japaner Hiroshima den Beinamen »Stadt des Friedens«, in der Hoffnung, dass es in der Welt niemals wieder zu einem Einsatz von Atomwaffen kommt.

Der 6. August 1945

Hiroshima wurde im 16. Jahrhundert von einem mächtigen Shōgun gegründet. In der zweiten Hälfte des 19. Jahrhunderts, während der Meiji-Epoche, entwickelte sich die Stadt zu einem großen Handelszentrum und wurde später einer der wichtigsten Militärstützpunkte Japans im Ersten und Zweiten Weltkrieg. Das machte Hiroshima schließlich zum Ziel amerikanischer Angriffe.

Am 6. August 1945 warf der US-Bomber Enola Gay die erste Atombombe der Geschichte, genannt Little Boy, über Hiroshima ab. Durch die Explosion wurde die Stadt in Sekundenschnelle dem Erdboden gleichgemacht. Mehr als 70 000 Wohnungen und Häuser wurden zerstört, 75 000 Menschen waren auf der Stelle tot. In den Wochen, Monaten und Jahren danach starben viele weitere Menschen, deren Zahl in die Tausende geht. Insgesamt sind bis heute mehr als 250 000 Einwohner Hiroshimas an den Folgen des Atomangriffs gestorben. Auch der Abwurf der zweiten Atombombe über Nagasaki wenige Tage später, am 9. August 1945, kostete Tausende von Menschen das Leben.

Kenjis Großvater war sieben Jahre alt, als die Atombombe auf Hiroshima fiel. Er ist ein Hibakusha, ein Überlebender des Bombenangriffs. An jenem Tag hatte er sehr viel Glück gehabt: Er war der gefährlichen radioaktiven Strahlung, die bei der Explosion der Bombe freigesetzt worden war, nur leicht ausgesetzt gewesen, da seine Eltern am Stadtrand von Hiroshima wohnten.

Heute geht er oft in den Friedenspark, den die Japaner in der Nähe der Stelle angelegt haben, über der die Bombe in der Luft explodierte. Manchmal nimmt er seinen Enkel Kenji mit, um ihm die Friedensflamme zu zeigen, die Tag und Nacht brennt und die erst dann gelöscht werden soll, wenn alle in der Welt vorhandenen Kernwaffen vernichtet worden sind. Bei einem ihrer gemeinsamen Spaziergänge stellte Kenji eines Tages seinem Großvater Fragen über den 6. August 1945:

– Großvater, an dem Tag, als das mit der Bombe geschah, was hast du da gerade gemacht? Schliefst du schon?

– Nein, ich war mit Mutter im Hof unseres Hauses, sie hängte gerade Wäsche auf. Ich erinnere mich noch, dass sie sagte, der Himmel komme ihr so merkwürdig ruhig vor. Plötzlich haben wir einen riesigen Lichtblitz gesehen, so grell wie tausend Sonnen. Dann stieg eine Staubwolke über der Stadt auf, es war schrecklich, wir dachten, das Ende der Welt sei gekommen.

– Hattest du Angst?

– Nicht sofort, denn niemand verstand, was gerade passiert war. Dann aber sahen wir Hunderte von Menschen mit entstellten Gesichtern und zerrissener Kleidung, die, obwohl sie kaum noch laufen konnten, aus der Stadt zu fliehen versuchten. Sie wussten nicht, wohin sie gehen sollten. Meine Mutter hat einige von ihnen aufgenommen, da ihre eigenen Häuser alle zerstört worden waren. Es war ein Bild, wie man es sich schlimmer nicht vorstellen kann.

Sadako Sasaki und die tausend Kraniche

Im Friedenspark in Hiroshima steht ein Friedensdenkmal, das all den Kindern gewidmet ist, die der furchtbaren Bombe zum Opfer gefallen sind. Das Denkmal stellt ein junges Mädchen dar, Sadako Sasaki, das hoch oben auf einem Granitstein steht und in seinen offenen Armen einen goldenen Kranich hält. Dieser Kranich soll gleichzeitig an eine Legende und an die traurige Geschichte eines kleinen Mädchens aus Hiroshima erinnern. Denn unter den Atombombenopfern in Hiroshima befanden sich auch Tausende von Kindern, die entweder sofort nach der Explosion oder später an den Folgen von Leukämie, einer häufig durch Strahlungen verursachten Blutkrebserkrankung, gestorben sind. Aber nicht nur das Friedensdenkmal erinnert an ihre Geschichte. Auch in den Schulen wird ihrer gedacht, so auch in Kenjis Schule. Auf dem Schulhof befindet sich eine kleine Gedenktafel, auf der der Name des Mädchens eingraviert ist. Kenji hat wie alle japanischen Kinder sehr früh die Geschichte von Sadako Sasaki erfahren.

Sadako wurde im Januar 1943 geboren und war zum Zeitpunkt des Atombombenabwurfs auf Hiroshima zweieinhalb Jahre alt. Sie war gerade in ihrem Zimmer, zwei Kilometer von der Explosion entfernt. Die meisten Menschen, die in der Nachbarschaft lebten, wurden getötet, doch Sadako und ihre Eltern blieben unversehrt. Die Jahre vergingen, und das kleine Mädchen wuchs ganz normal auf. Es war sogar sehr sportlich, vor allem lief es sehr gut und nahm an vielen Wettkämpfen teil.

Doch im Jahr 1955 – Sadako war zwölf Jahre alt – fühlte sie sich nach einem Wettkampf sehr müde, und alles drehte sich in ihrem Kopf. Ihre Eltern dachten, dass diese Schwindelgefühle auf die Anstrengung während des Laufs zurückzuführen seien. Doch kurze Zeit später erlitt Sadako weitere Schwindelanfälle und brach eines Tages zusammen. Ihre Eltern brachten sie ins Krankenhaus, wo die Ärzte bei dem Mädchen Leukämie feststellten, eine Spätfolge des Bombenabwurfs.

Sadakos beste Freundin Chizuko erzählte ihr von der uralten japanischen Legende der tausend Kraniche. Der Kranich ist in Japan ein besonders wichtiges und geachtetes Tier, weil es als Zeichen für ein langes Leben gilt. Diese Legende besagt, dass die Götter die Wünsche desjenigen erfüllen werden, der tausend Origami-Kraniche gefaltet hat. Sadako fing sofort mit dem Papierfalten an, in der Hoffnung, dass die Götter sie nach tausend gefalteten Kranichen wieder gesund machen würden.
Nachdem sie 500 Papierkraniche gefaltet hatte, verbesserte sich ihr Gesundheitszustand, und die Ärzte erlaubten ihr, nach Hause zurückzukehren. Doch schon bald darauf kamen die Schwindelanfälle wieder, und sie musste erneut ins Krankenhaus. So hat Sadako mehrere Monate damit zugebracht, insgesamt 644 Papierkraniche zu falten, bevor sie am 25. Oktober 1955 starb.

Die Nachricht vom Tod Sadakos verbreitete sich schnell in der Stadt. Ihre Klassenkameraden falteten für sie die restlichen Kraniche und verkauften sie anschließend. Mit dem Erlös ließen sie ihr zu Ehren die Statue bauen. Heute sind Papierkraniche ein internationales Friedenssymbol. Seit Sadakos Tod falten Kinder in aller Welt Kraniche aus Papier, um sie nach Hiroshima zu schicken. Kenji und seine Klassenkameraden falten sie in der Schule an einem bestimmten Tag im Jahr, um anschließend gemeinsam in den Friedenspark zu gehen und die Papierkraniche dort am Kinder-Friedensdenkmal niederzulegen.

Der Shintō und der Zen-Buddhismus

Wie die meisten Japaner hängen auch Kenji und seine Familie zwei Religionen gleichzeitig an: dem Shintō und dem Buddhismus. Ein paar Monate nach seiner Geburt haben Kenjis Eltern ihn von einem Shintō-Priester im Namen mehrerer Götter segnen lassen. Die Anhänger des Shintō (das Wort heißt übersetzt »Weg der Götter«) glauben an viele Götter und betrachten sie als Zeichen für Naturerscheinungen, wie zum Beispiel die Sonnengöttin. Die Götter stellen den Energiefluss dar, der die Welt bewegt und der auf der Erde den Steinen, Pflanzen und Tieren Leben einhaucht.

Kenjis Eltern haben am Eingang ihrer Wohnung einen Hausaltar (Kamidana) zur Verehrung der Götter errichtet. In der Mitte des Hausaltars befinden sich ein hölzernes Schränkchen und einige Glücksbringer, zum Beispiel ein kleiner Bambusrechen, mit dem das Glück eingefangen werden kann, eine kleine Kuh aus rotem Pappmaché, die die Macht besitzt, Unglück zu vertreiben, oder auch ein kleines Schiff, das Schätze herbeibringen soll. Außerdem befinden sich auf dem Altar zwei kleine Zweige, die von einem Sakaki stammen, einem heiligen Shintō-Baum, der die Götter anzieht. Kenji malt oft Bilder, die er vor den Hausaltar legt, damit die Götter so lange wie möglich in der Wohnung bleiben.

Am Neujahrstag geht Kenji mit seiner Familie in den Shintō-Tempel, um für das neue Jahr zu beten. Im Opferraum des Tempelgebäudes legt er einen Pfeil mit einem kleinen Stück Papier nieder, auf das er einen Wunsch geschrieben hat. Die Japaner glauben, dass dieser Pfeil die Gabe hat, schlechte Gedanken zu vertreiben und Wünsche zu erfüllen.

Kenji und seine Familie sind gleichzeitig auch Anhänger des Buddhismus, einer Glaubensrichtung, die eher eine Geisteshaltung als eine Religion ist. Shintō und Buddhismus haben sich in Japan im Laufe der Zeit so weit angeglichen, bis sie fast übereinstimmten. Unter dem Einfluss chinesischer Mönche entstand im 12. Jahrhundert der Zen-Buddhismus, eine modernere

Form des klassischen Buddhismus, der durch die Gründung von fünf Klöstern im Land weit verbreitet wurde. Diese Richtung des Buddhismus nannte sich später Zazen, was so viel bedeutet wie »Meditation im Sitzen«. (Wenn man meditiert, dann versenkt man sich in sich, man denkt ganz still nach.) Zazen ist eine sehr beliebte Form der Religionsausübung, und in ganz Japan gibt es Tausende von Zen-Tempeln. Manchmal ziehen es westliche Touristen sogar vor, anstatt in einem Hotel oder einem Ryokan in einem eingerichteten Tempel zu übernachten, wo sie unter Anleitung eines Zen-Meisters die Zazen-Übungen erlernen können.

Zazen – die japanische Sitzmeditation

An zwei Abenden in der Woche gehen Kenji und sein Vater in den Tempel, um Zazen zu üben. In Japan wird Zazen von vielen Menschen ausgeübt, nicht nur von Gläubigen, sondern auch von denjenigen, die sich entspannen wollen.

Zazen ist Philosophie (eine Weltanschauung) und Meditation zugleich. Mit dem Wort Zen verbinden wir Europäer vor allem einen Zustand der Stille, der inneren Ruhe, in dem alles, was in der Welt um uns herum geschieht, unwichtig wird.

Drinnen im Tempel grüßen Kenji und sein Vater mit gefalteten Händen die bereits Anwesenden und verneigen sich leicht vor ihnen. Dann setzen sich die beiden auf den Boden. Kenji hat von seinem Vater bereits zu Hause gelernt, wie man sich richtig hinsetzt und wie man richtig atmet. Doch im Tempel hat ihm ein Zen-Lehrer geholfen, das Sitzen und Atmen noch zu verbessern. Denn beides spielt im Zazen eine wichtige Rolle.

Die richtige Sitzhaltung ist der Lotussitz. Dabei legt Kenji den rechten Fuß auf den linken Oberschenkel und den linken Fuß auf den rechten Oberschenkel. Er muss darauf achten, dass die Knie festen Bodenkontakt haben, der Oberkörper aufgerichtet und der Rücken gerade ist, so als ob er mit den Knien die Erde und mit dem Kopf den Himmel wegschieben wollte. Seine linke Hand ruht in seiner rechten Hand, die Handflächen zeigen nach oben. Jedes Detail ist wichtig, denn im Zazen geht man davon aus, dass die einzelnen Körperteile untereinander verbunden sind und sich gegenseitig beeinflussen. Der Körper ist daher in eine stabile Sitzposition zu bringen, damit man vollkommen entspannt meditieren kann. Doch das wichtigste Element der Zazen-Praxis ist die Atmung.

Es gibt verschiedene Atemtechniken. Kenji hat die einfachste gelernt: Er atmet tief ein und versucht dabei zu spüren, wie sein Atem an seiner Wirbelsäule entlang langsam bis zu seinem Kopf hochsteigt und dort schließlich an einem Punkt zwischen seinen Augen

ankommt. Dann hält Kenji den Atem an und stellt sich eine Licht- oder Wärmequelle vor, zum Beispiel die Sonne. Jetzt atmet er wieder aus und beginnt von vorn. Nach einigen Minuten wird seine Atmung ganz von selbst ruhig und kraftvoll.

Während Kenji meditiert, kommt manchmal der Zen-Lehrer oder ein Assistent (der Jikido) zu ihm und schlägt ihm mit einem Stock ganz leicht auf die rechte Schulter, um ihn darauf aufmerksam zu machen, dass seine Sitzhaltung noch nicht richtig ist. Kenji ändert geräuschlos seine Position. Er versucht, einfach an nichts zu denken. Nach den Worten seines Vaters verfolgt Zazen kein spezielles Ziel, sondern ermöglicht vielmehr, tiefe innere Ruhe und Entspannung zu finden. Nach jeder Sitzung hat Kenji den Eindruck, dass sein Geist so klar ist wie ein wolkenloser Himmel.

Go – das Strategiespiel

Seit Kenji ein Manga gelesen hat, möchte er unbedingt Go spielen lernen. Die Geschichte handelt von dem Jungen Hikaru, der eines Tages auf dem Speicher seines Hauses einen Goban findet, ein Spielbrett, auf dem Go gespielt wird. Er findet es sehr schön und nimmt es mit in sein Zimmer. Doch Hikaru bemerkt sehr schnell, dass das Spielbrett von einem mysteriösen Geist mit dem Vornamen Sai beherrscht wird, einem alten Go-Lehrer am Hof des Kaisers während der Heian-Epoche um das Jahr 850. Das Gespenst zwingt Hikaru, Go zu spielen, und bringt ihm die besten Spielzüge bei. Einige Zeit später trifft Hikaru bei einem Go-Turnier auf Akira, einen hochbegabten jungen Spieler, und gewinnt gegen ihn. Nach diesem Aufeinandertreffen entwickelt sich eine große Rivalität zwischen den beiden Spielern. Jeder von ihnen versucht fortan, sich die besten Spielstrategien anzueignen, um die Frage, wer der größte Go-Meister sei, für sich zu entscheiden. Hikaru findet Hilfe bei dem Gespenst Sai, das seit mehr als tausend Jahren auf der Suche nach dem »göttlichen Spielzug« ist.
Die Geschichte von Hikaru hat Kenji derart fasziniert, dass er sich sofort entschlossen hat, einem Go-Klub beizutreten, um das Spiel zu erlernen.

Chinesischen Legenden nach soll Go vom mythischen Urkaiser Yao (2333 bis 2233 v. Chr.) erfunden worden sein, um seinem Sohn die Stellungen der Sterne zu erklären. Doch den Sohn sollen die Sterne nicht wirklich gekümmert haben, stattdessen fand er die Spielsteine interessant … Damals hieß das Spiel noch Weiqi. Kibi no Makibi, japanischer Gesandter am chinesischen Kaiserhof, soll es im 8. Jahrhundert nach Japan gebracht und unter dem Namen Go bekannt gemacht haben.

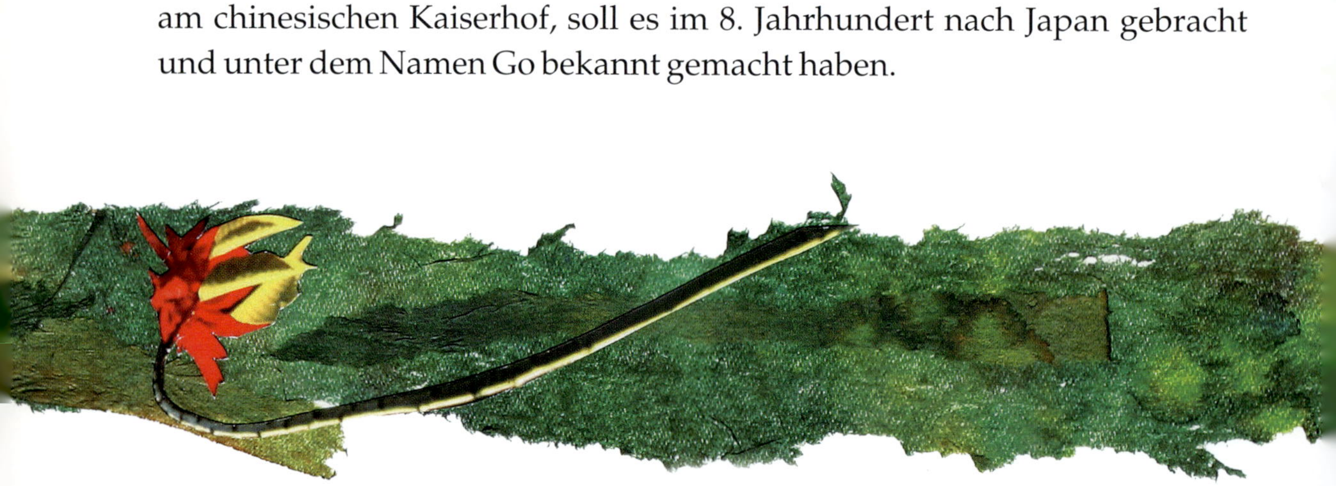

洗馬

Keine Legende, sondern Wahrheit ist aber, dass dieses Spiel das älteste noch gespielte Brettspiel der Welt ist. Zu Beginn wurde Go ausschließlich am Kaiserhof gespielt. Später wurden überall in Japan Go-Schulen gegründet. Die Go-Lehrer waren sehr geachtet und besaßen Vorrechte an den Höfen der Shōguns. Die Japaner sagen, dass dieses Spiel ihre Philosophie auf wunderbare Weise wiedergibt. Das beliebte Go-Spiel ist so etwas wie eine ganze Lebenskunst: Es erfordert große Disziplin und intensives Nachdenken. Es ist ein Strategiespiel, sehr komplex und anspruchsvoll.

Als Kenji in dem Go-Klub seines Stadtviertels das erste Mal vor einem Spielbrett saß, war er sehr beeindruckt. Eine Stunde lang hat ihm ein alter Lehrer die Grundregeln des Spiels mit viel Geduld und in aller Ruhe erklärt: Die beiden gegeneinander antretenden Spieler setzen abwechselnd ihre Spielsteine auf die freien Schnittpunkte des in Linien eingeteilten Spielbretts (weiße oder schwarze). Derjenige gewinnt, der mit Hilfe seiner Steine ein größeres Gebiet als das des Gegners abgegrenzt hat. Doch je größer das eigene Gebiet wird, umso schwieriger ist es, das Gebiet gegen die Angriffe des Gegners zu verteidigen …

Das Go-Spiel kennt keine halben Gewinner und keine halben Verlierer. Am Ende der Partie steht immer derjenige Spieler als Sieger fest, der durch sein überlegtes Angriffs- und Verteidigungsverhalten seinen Einfluss auf dem Spielbrett vergrößern und den des Gegners verringern konnte. Verlieren wird derjenige, der tollkühn zu viel riskierte und nicht die geeigneten Mittel fand, sein waghalsiges Unternehmen zu verteidigen.

Nach dem einstündigen Unterricht sah sich Kenji bereits in der Lage, eine erste Partie zu spielen. Der alte Lehrer, der in seinem Leben schon Tausende von Spielern ausgebildet hat, teilte Kenji mit, dass seine Ungeduld nichts Ungewöhnliches sei, denn fast jeder Anfänger glaubt nach der ersten Unterrichtsstunde, bereits Go spielen zu können. Doch der Lehrer klärte Kenji gleichzeitig darüber auf, dass manchmal ein ganzes Leben nicht ausreicht, um das Spiel wirklich zu beherrschen. Eine leise Ahnung davon erhält Kenji nur wenige Minuten nach Beginn der Partie. Denn ehe er sich versieht, haben die schwarzen Steine des Lehrers seine weißen umzingelt und ihm keine einzige Zugmöglichkeit mehr gelassen.

Vor seiner zweiten Partie hat Kenji gelernt, dass Go kein Glücksspiel ist und dass man sich niemals auf das Glück verlassen darf. So wie sein junger Manga-Held Hikaru hat auch Kenji nun damit begonnen, sich mit den verschiedenen Spielstrategien zu befassen. Mittlerweile ist er, obwohl noch jung, in seinem Klub ein angesehener Spieler. Genau wie das Gespenst Sai träumt auch Kenji heimlich davon, eines Tages den göttlichen Spielzug zu entdecken.

Inhalt

Bildnachweis

S. 5 © Orion Press/Stone/Getty Images
S. 7 © Bob Rowan, Progressive Image/Corbis
S. 9 D. R.
S. 11 © Michael S. Yamashita/Corbis
S. 12 © Tom Wagner/Corbis
S. 19 © AKG Images
S. 20–21 © Ed Freeman/Getty Images
S. 23 D. R.
S. 25 © Sam Clemens/Digital Vision/Getty Images
S. 30 © Hulton Archive/Getty Images
S. 32 © Kharbine-Tapabor/Sammlung S. Kakou
S. 35 D. R.
S. 36 © AKG-Images
S. 38 © AKG-Images
S. 41 © AKG-Images/Suzanne Held
S. 46 © Hulton Archive/Getty Images

Titel der Originalausgabe: *Enfants d'ailleurs – Aoki, Hayo et Kenji vivent au Japon*
Erschienen bei Éditions de La Martinière SA, Paris 2006

Deutsche Erstausgabe

Ein Unternehmen der La Martinière Groupe

Gestaltung: Elisabeth Ferté
Satz: satz & repro Grieb, München
Druck: Pollina, Luçon - n°L42145f
Printed in France

ISBN 978-3-89660-433-0

www.knesebeck-verlag.de

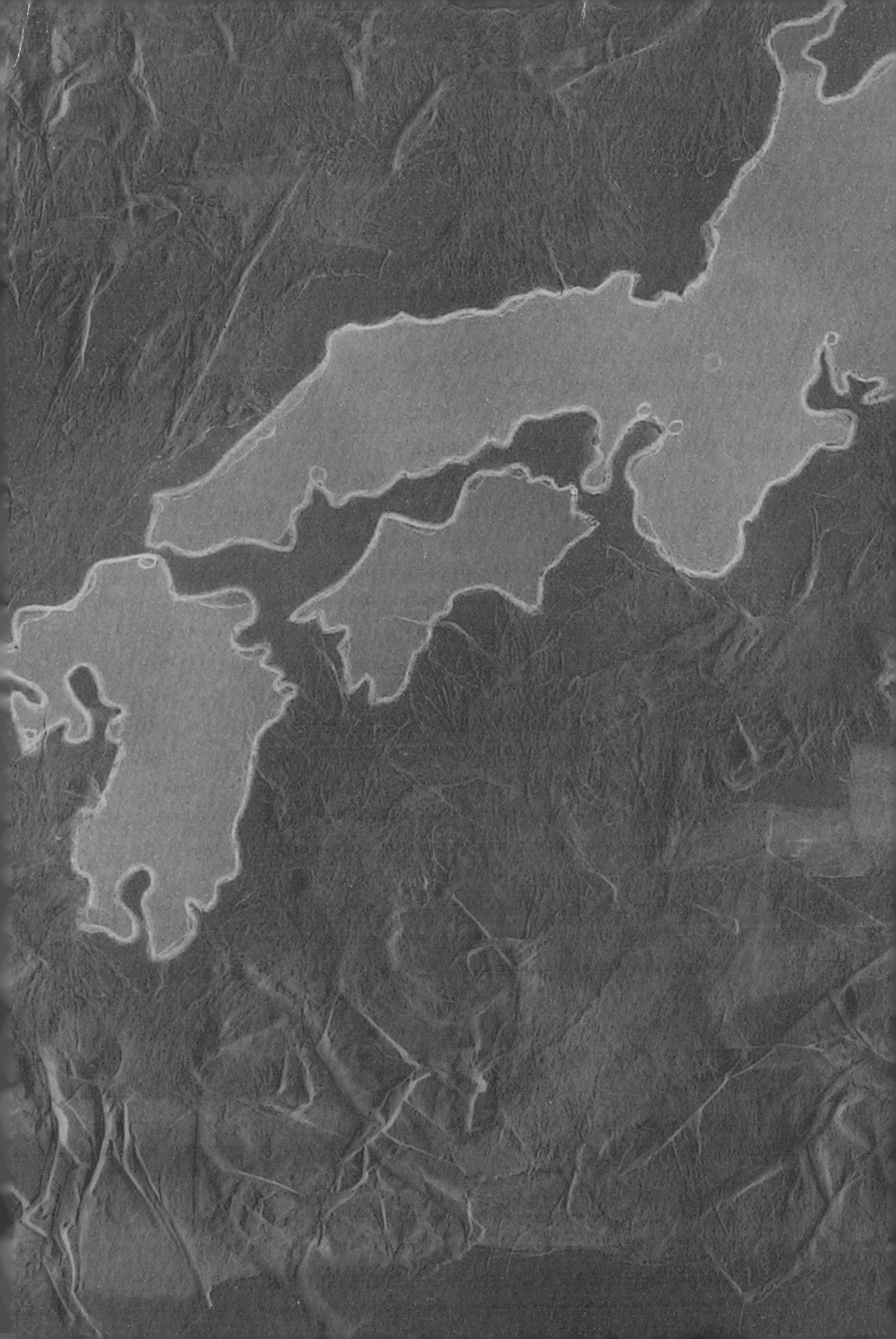